ÉLOGE

DE

M. DE MARTIGNAC

Prononcé le 4 Décembre 1852,

A L'OUVERTURE DES CONFÉRENCES DE L'ORDRE DES AVOCATS
DE BORDEAUX,

PAR M. PAUL GIRARD,

AVOCAT.

BORDEAUX

IMPRIMERIE DE Mme VEUVE CRUGY

Rue et hôtel Saint-Siméon, 16.

1852

ÉLOGE

DE

M. DE MARTIGNAC,

Prononcé le 4 Décembre 1852,

À L'OUVERTURE DES CONFÉRENCES DE L'ORDRE DES AVOCATS DE BORDEAUX,

PAR M. PAUL GIRARD,

AVOCAT.

MESSIEURS,

Dans ce mouvement général des hommes et des choses qui fait la vie de l'humanité, on voit surgir, par intervalles, certaines familles d'élite au sein desquelles se perpétuent de glorieuses traditions, et qui feraient croire que l'intelligence et le talent ont aussi leur noble hérédité. Sans doute, il n'est pas donné à toutes ces générations qui se succèdent de jeter sur le même nom un éclat pareil. Tantôt confinées dans une sphère trop étroite, privées d'air et de lumière, elles ont à peine essayé de vivre, et n'ont laissé chez leurs contemporains qu'un souvenir fugitif. Tantôt, écrasées dans une lutte impossible contre les événements extérieurs et confondues dans la foule obscure des victimes, elles disparaissent avec le regret de s'être inutilement sacrifiées.

Mais, s'il arrive un jour où ceux qui se sentent nés pour la gloire peuvent se recueillir dans la solitude, et, après y avoir préparé leurs forces, donner à leur intelligence le plus libre essor, ce nom que l'on croyait effacé, que beaucoup n'avaient jamais entendu, se trouve soudain dans toutes les bouches, la poussière des temps se ranime, et le passé triomphe d'un injuste oubli. Ainsi, par une destinée singulière, c'est souvent à son dernier représentant qu'une race tout entière doit sa renommée et sa grandeur.

La famille de Martignac ne fut pas exempte de telles vicissitudes.

Au dix-septième siècle, dit-on, il existait, au fond du Limousin, un savant du nom d'Étienne Martignac, auquel toutes les richesses de la langue latine étaient familières, et qui laissa dans ses papiers les traductions de Perse, d'Ovide et de Juvénal. — Qui se souviendrait aujourd'hui et de l'honnête traducteur et de ses travaux, s'il n'avait pas transmis à d'autres, plus illustres, l'héritage de son nom ?

Deux de ses descendants exercèrent tour à tour, dans leur province, les fonctions de lieutenant-général de l'élection. — Si haute que fût alors cette magistrature, et de quelque habileté qu'ils aient fait preuve, qu'importerait à l'histoire, et aurait-elle enregistré un pareil fait, si elle n'avait dû, dans la suite, y rien ajouter de plus éclatant ?

Enfin, vers l'année 1742, naissait, à Brive, Léonard Martignac, que sa facilité oratoire fit remarquer, dès le début, au barreau de son pays, et qui devait échanger plus tard cette réputation modeste contre de plus brillants succès. Venu à Bordeaux, où il avait épousé la fille d'un jurat, il ne craignit pas de se mesurer avec les plus redoutables athlètes, et la défaite ne fut pas toujours le prix de son audace. La Révolution le condamna au silence, à l'heure où son talent avait le plus de sève et de vigueur ; pour sauver sa tête, il devait se faire oublier. Et, néanmoins, la postérité a recueilli plus d'une de ses œuvres. Le souvenir de ses vertus ne s'est point éteint parmi nous, et le tableau de sa vie a pu, sans leur faire injure, être rapproché des grandes images que nous vénérons. — Mais, disons-le, à nous seuls il appartenait d'honorer sa mémoire. Le culte que nous lui rendons est, en quelque sorte, celui du foyer domestique ; pour que ce culte devînt national, il eût fallu des circonstances plus heureuses ou un génie plus élevé.

Quel est, au contraire, le citoyen aux oreilles duquel ne soit pas venu parfois le nom de Martignac, le nom de cet homme dont la carrière fut si féconde, qui non seulement s'est distingué dans la magistrature et le barreau, mais eut, en outre, l'insigne honneur de régler les destinées de sa patrie ? Vingt ans ont passé depuis le jour où l'on entendit pour la dernière fois la voix de cet homme, et cependant sa mémoire n'a point péri. L'histoire la réclame, la poésie populaire l'a chantée, et, il y a peu de temps encore, elle inspirait dans une autre enceinte un brillant panégyrique.

Ah ! qu'il nous soit permis de le dire, Messieurs, si la mission que vous nous avez confiée est belle, si elle éveille en nous un légitime orgueil, ne pensez pas que nous l'ayons acceptée sans frayeur ! Raconter une vie que tant d'autres ont connue ou célébrée, peindre une de ces figures dont l'admiration et la haine ont tour à tour altéré les traits, juger enfin plus que le talent et les œuvres d'un de nos devanciers, soumettre encore à son appréciation l'homme public, le ministre d'une royauté déchue, c'est là une de ces tâches que notre inexpérience redoutait, et que votre bienveillance pouvait seule nous déterminer à remplir.

J.-B. Sylvère Gaye de Martignac naquit à Bordeaux le 20 juin 1778. Abritée sous le toit paternel, son enfance entendit gronder au loin de terribles orages, et, quoique épargnée par eux, sa famille lui enseigna de bonne heure à les maudire. Premières impressions qui ne s'effacèrent plus de son imagination et de son cœur ! Il embrassa dès-lors la cause des vaincus, y voua ses plus ardentes sympathies. et si, depuis, l'homme d'État s'est montré en lui moins absolu que le jeune homme, c'est qu'il savait que la différence des temps exige quelque inflexion dans les idées, et que d'autres circonstances imposent souvent d'autres devoirs.

La position et les vœux de son père appelaient le jeune Martignac au barreau. Mais, plus effrayé des rudes épreuves qu'il réserve que tenté par la gloire qu'on a chance d'y moissonner, il repoussa tout d'abord les leçons à la fois savantes et douces qu'on lui offrait. Sa nature, insouciante et légère, ne pouvait se plier au travail; le plaisir avait pour lui plus d'attrait, et, l'on doit l'avouer, sa jeunesse y dissipa bien des heures que l'étude aurait fécondées. Sans inquiétude de l'avenir, il vivait, pour ainsi dire, au jour le jour, et, dans un âge où chacun de nous a déjà choisi sa carrière, il ne s'était sérieusement demandé ni où il allait, ni ce qu'il voulait. Intelligence qui s'ignorait encore, destinée sans but, où les actions démentaient les sentiments, où les goûts étaient incessamment trompés par les situations! — Ainsi, royaliste fervent, il devient secrétaire de Syeyès, ambassadeur de la République française auprès du roi de Prusse. — Amant des loisirs voluptueux, il s'affuble de l'habit militaire, et il est prêt, si le hasard l'y pousse, à marcher aux combats.

Toute autre nature eût violemment souffert de ces contradictions ; elle eût au moins fini par s'y transformer. Chez lui, la vie extérieure n'étouffe point l'originalité du caractère, et la souplesse de son esprit lui permet de tout accepter, de tout comprendre, de tout essayer.—Le philosophe qu'il a pris pour maître l'entretient de sciences exactes et de diplomatie ; il l'écoute avec intérêt, s'assimile aisément cette érudition, et l'on dit que, dans la suite, il regretta plus d'une fois de tels entretiens.—La profession des armes l'ennuie, et certes, ni son éducation, ni son humeur ne l'y avaient préparé ; il se console de cette monotone existence en écrivant des vaudevilles pour les théâtres de Paris.

Il fallait enfin prendre un parti, et les conseils de son père ne pouvaient plus longtemps rester sans fruit. Vers l'année 1801, il a dit adieu à la diplomatie, il ne rêve plus de luttes guerrières, il répudie ces travaux frivoles sous lesquels se cache presque toujours le désœuvrement de l'esprit ou la dépravation du cœur. Rentré à Bordeaux, quelques études, commencées sous les yeux d'un guide éclairé, l'ont bientôt initié à la science du droit ; l'inspiration supplée en lui au travail ; il se sent déjà assez fort pour descendre dans la lice.

Le barreau cherchait alors, comme la société elle-même, à se reconstituer. Le combat à mort que s'étaient livré, pendant dix ans, le passé et l'avenir, s'alanguissait sous l'influence d'un gouvernement régulier, et, en proie à une indicible fatigue, les âmes perdaient insensiblement leur fière indépendance ou leur farouche énergie. Réduits par la Révolution au rôle insignifiant de *défenseurs officieux*, les avocats aspiraient à reprendre leur premier rôle, leur caractère public, à former enfin une compagnie. Une défiance injuste les avait dispersés ; ils devaient, aux jours de calme, renouer les traditions d'une précieuse confraternité. Chaque mois, un banquet modeste réunissait ceux qui avaient survécu à l'orage, ou que leur jeunesse avait dérobés à ses coups. Là , dans les épanchements de l'amitié, on échangeait ses espérances ou ses regrets ; on y parlait de gloire, d'avenir, de liberté ; c'étaient les *agapes* de la pensée et du travail.

Toutefois, le souvenir de ces nobles entretiens n'aurait point duré, si le culte des lettres en avait été banni, si tout s'était borné à des conversations fugitives, si l'on n'avait pas aussi fait quelques confidences à la publicité. Mais la poésie légère était alors à la mode. Dernier reflet d'une littérature qui se mourait, sorte de revanche innocente contre les mauvais jours, elle comptait au nombre de ses adeptes les plus grands esprits. — Le barreau ne pouvait rester à l'abri de la contagion. — Pour être admis au banquet mensuel, il fallut prendre l'engagement de payer son écot littéraire. Quelques mots étaient, chaque fois, jetés au hasard dans une urne, et, chacun y puisant à son tour, devait, le mois suivant, sur le mot qui lui était échu, offrir aux convives le fruit de ses élucubrations poétiques. Écoutons, d'ailleurs, Martignac luimême nous fournir à cet égard d'intéressants détails. L'un des premiers fondateurs de ces doctes réunions, il y brilla souvent

par la facilité de sa verve et le tour ingénieux de ses produc-
tions. Il s'était chargé d'écrire en vers le règlement de la
société, et l'on ne peut s'empêcher de sourire en le voyant
assujettir aux exigences de la mesure et de la rime, non seulement les dix-sept articles de ce règlement, mais encore les
divers noms de ses signataires. Vous le comprendrez sans
peine, Messieurs, l'étendue et la gravité de notre sujet ne
sauraient nous permettre de tout citer.

. . . .

ARTICLE IV.

Après dîner, chaque membre écrira
Le premier mot qui lui plaira,
Et puis le jettera
Dans cette urne redoutable
Qui tout autour de la table
Après passera;
Chacun prendra
Le mot qui lui viendra,
Chez soi le traitera,
Et puis l'apportera,
En prose, en vers, comme il voudra,
Au dîner qui suivra.

ARTICLE V.

Excès est défaut, dit-on;
Mais ce proverbe nous blesse :
Chez nous, excès de richesse
Est excepté du dicton.
Celui qu'Apollon talonne,
Outre le champ qu'on lui donne,
A sa brillante couronne
Peut joindre un fleuron de plus :
Poëmes, couplets ou prose,
Ceux qui portent quelque chose
Sont toujours les mieux reçus.

. . . .

ARTICLE VIII.

Épigrammes ou madrigaux,

Chanson, élégie ou satire,
Tous les sujets seront égaux ;
On peut faire pleurer et rire.
Hormis la Révolution,
Souvenir toujours trop funeste !
La guerre, la religion,
Certain cas de damnation,
   On peut traiter tout le reste.

ARTICLE IX.

Pour enlever aux inconstants,
Aux paresseux, aux négligents
   Leur dernière ressource,
Voulons, pour les membres absents,
Puiser nos dédommagements
Dans leur esprit, ainsi que dans leur bourse.
   Etc., etc.

Tels étaient les délassements de ces hautes intelligences qui se pressaient, à cette époque, dans notre barreau. — Celui qui, la veille, avait arraché des larmes sur le sort d'un coupable, provoquait, le lendemain, par une piquante satire, l'épanouissement de la gaîté. On venait de subjuguer la raison des juges par la puissance de sa logique ; on faisait rêver ses confrères aux modulations plaintives d'une élégie. Ainsi se retrempaient aux sources poétiques des facultés qu'aurait desséchées un labeur assidu. Quelle que soit sa force, l'esprit humain ne saurait s'absorber dans d'austères études, ou planer sans cesse dans des régions élevées. A ceux que le plaisir ne séduit pas, il faut les distractions de la pensée.

Plus que personne, peut-être, M. de Martignac avait besoin d'une telle diversion. Grâces à son nom, — le meilleur des patronages, — une carrière où la jeunesse est d'ordinaire abreuvée de dégoûts n'avait eu pour lui que des abords faciles. Il y était entré sans trouble, il y avançait sans effort. Il ignorait ce qu'il en coûte pour triompher des premiers obstacles, et combien les âmes qui n'y succombent pas ont en elles de mâle résolution. Une application de tous les jours, de tous les instants, l'aurait brisé. D'une complexion nerveuse, impressionnable, délicate, il se portait vivement vers les choses du dehors, et ne trouvait de jouissance que dans leur variété. Il concevait vite, il produisait plus vite encore. Tel procès auquel tout autre eût consacré de longues veilles, était par lui en quelques heures éclairci, médité, préparé. Suivant l'usage alors universel, il écrivait souvent, et, malgré leur maturité hâtive , ses discours étaient encore dignes de l'impression. Il savait, du reste, dans l'occasion, déroger à cet usage, tenter les écueils de l'improvisation, et demander à des inspirations fugitives le secret de la victoire. Que de fois, à l'heure où les juges montaient déjà sur leur siége, il osa accepter une défense imprévue ! Deux mots de récit, quelques questions échangées, et il avait tout saisi, il volait à la barre, il sauvait de graves intérêts.

Toujours original dans son style, il l'est fréquemment aussi dans la discussion. Sa manière ne ressemble point à celle de ses rivaux. Il n'a point coutume , comme eux , de couper régulièrement sa plaidoirie en trois paragraphes pour exposer dans l'un les faits de la cause, dans l'autre les moyens de droit, dans le dernier les considérations morales , et discuter en passant, quand on les rencontre devant soi, les objections de son adversaire. Sans division systématique , il embrasse d'abord en un tableau rapide, parfois brillant, les circonstances qui ont fait naître le procès ; il résume ensuite les moyens qu'on lui oppose ou qu'il prévoit, il le fait avec exactitude, avec complaisance même ; et, après avoir ainsi pris champ, il s'élance enfin, pour déployer dans la lutte toutes les ressources de son imagination et de sa raison. Par là, l'attention de son auditoire est mieux captivée ; et si, dans le silence du cabinet, il est moins facile au juge de recomposer son discours, il aura du moins donné aux longues heures d'audience un plus vif attrait.

Comme toutes les choses humaines, le talent et le génie subissent les conditions qu'on leur impose et l'influence du milieu dans lequel ils se développent. Au nombre des causes qui font ou modifient leur caractère, doivent être comptés d'abord le tempérament et l'éducation. D'un corps languissant et frêle jaillit rarement une éloquence énergique ; une molle oisiveté n'a jamais fait de héros.

Si heureusement doué qu'il fût, M. de Martignac ne pouvait se soustraire à la loi commune. Aussi n'a-t-il eu et ne devait-il avoir ni la vigueur de Ferrère, ni la vaste érudition de Ravez, ni l'entraînement lyrique de Lainé. C'était quelque chose à la fois de moins élevé et de plus doux. Clarté dans la pensée, justesse dans l'expression, gracieuse élégance dans le débit, on trouve en lui toutes ces qualités. Vainement son adversaire passionnera-t-il le débat, il ne lui fera point oublier la convenance du langage et les règles du bon ton. Les éclats de la colère n'ont jamais altéré la pureté suave de sa voix. Il n'étonne ni ne subjugue ; il charme, il émeut, il berce mollement sur des vagues d'harmonie.

Nature féconde, organisation flexible, il sait prendre tous les tons, s'inspirer de toutes les situations, remuer toutes les fibres. Érudit s'il le faut, sensible au besoin, il n'est au-dessous d'aucune tâche. Discussions arides du droit commercial, ou pathétique défense d'un accusé, il aborde tout avec un égal succès ; et si, dans chaque genre, il lui est parfois impossible de s'élancer au premier rang, du moins saura-t-il toujours conquérir le second.

Tantôt il s'agira d'interpréter les clauses obscures d'un testament, d'étudier les conséquences légales du prédécès de l'un des légataires : il pénètre sans hésitation dans le dédale des lois romaines, il y recherche l'origine et les caractères du droit d'accroissement, il démontre que ses règles doivent, dans la cause, rester sans application.

Tantôt il a, par un examen scrupuleux, acquis la conviction qu'un faux a été commis, et que l'on veut en rendre victime son client : il signale intrépidement d'odieuses manœuvres, démasque le faussaire, et voue sa mémoire et son nom à l'ignominie.

Ici, défenseur d'une orpheline dépouillée, il s'attendrit sur ses malheurs, il rappelle à son ingrate famille les prières et le dévouement d'un père, il la conjure de moins obéir aux tristes suggestions de la cupidité.

Ailleurs, un capitaine russe a été trompé par un négociant français ; une somme que l'on avait stipulée payable en monnaie d'or ou d'argent a été comptée en mauvais jetons de cuivre, auxquels le gouvernement révolutionnaire d'Haïti a donné une valeur nominale et ridiculement exagérée. Le capitaine réclame l'exécution du contrat ; on lui oppose un jugement du Tribunal de Saint-Domingue, et le spirituel avocat rend compte en ces termes de cette étrange décision :

« Le capitaine se rendit à l'audience ; il comparut devant
» ce burlesque aréopage, composé d'ignorants Africains, qua-
» lifiés de juges par la même puissance qui avait qualifié de
» gourdes les petits lambeaux de cuivre qui avaient été offerts,
» et il essaya de leur faire comprendre ce que c'était que la
» loi, les conventions et la justice.

» Il leur dit donc :
— « Si j'étais destiné à passer mes jours sur l'heureuse
« terre de la liberté et de l'égalité, si ma place était marquée
« au milieu des citoyens de la République et à l'ombre du
« palmier protecteur d'Haïti, je recevrais avec respect et même
« avec reconnaissance le paiement qui m'est offert. Mais un
« tel bonheur ne m'est pas réservé. Je dois retourner en
« Europe, et rendre compte aux propriétaires du bâtiment
« que je commande de l'exécution des conventions dont je
« leur ai donné connaissance ; je dois rapporter sur les terres
« de la servitude le prix qui m'a été promis. Ce prix doit
« m'être payé en or et en argent. Telle est la convention qui
« a été souscrite avec moi, et, à moins qu'il n'y ait ici des
« lois (que je révère d'avance) qui disent que les contrats
« sont des jeux, et que rien n'oblige à les exécuter, je crois
« qu'il est juste d'ordonner que je sois payé avec l'un de ces
« deux métaux.—Je sais que la monnaie d'Haïti est fort belle
« et fort bonne, qu'il faut être bien aveugle pour n'en pas
« sentir le prix ; mais cet aveuglement existe encore dans les
« pays de l'Europe, où la civilisation est moins parfaite, et où
« l'indépendance n'est pas assise sur des bases aussi respec-
« tables ; mais enfin, cette monnaie, si j'ose m'exprimer ainsi,

« est composée de cuivre, et il faut que je rapporte de l'or ou
« de l'argent. » —

» Telle fut la défense du citoyen de Riga, et ce ne fut pas
» sans rechercher avec inquiétude, sur les noires figures qui
» l'écoutaient, l'effet qu'elle pouvait produire, qu'il se hasarda
» à la prononcer tout entière.

» Le résultat est déjà prévu. Les juges d'Haïti étaient au
» même titre que la monnaie refusée. Ils trouvèrent le refus
» irrévérent, et, par jugement du 20 juillet, ils déclarèrent la
» consignation valide et le sieur Draveman libéré. Ils approu-
» vèrent en même temps la conduite du greffier, qui avait
» versé la somme déposée dans la caisse du gouvernement. »

Il eût certainement fallu au jugement d'Haïti plus de valeur
et de sagesse qu'il n'en avait, pour triompher d'une aussi mor-
dante ironie.

Et gardez-vous de croire, Messieurs, que ce rare bonheur
d'expressions et ce luxe de traits fussent le fruit d'une patiente
étude ! Il y a des gens qui, grâce à de longs efforts, réussis-
sent quelquefois, bien qu'ils en aient peu, à écrire avec esprit.
Mais, pour M. de Martignac, qu'est-il besoin de recherche et
de travail ? Si ce n'était une locution vulgaire, on dirait que,
chez lui, l'esprit coule de source, et c'est dans sa nature qu'il
trouve tout son art. Au Palais comme dans le monde, sa con-
versation, toujours pleine d'entrain, récrée les hommes les plus
graves, déride les fronts les plus soucieux. Demandez-lui une
anecdote, il sèmera son récit de saillies étincelantes et de
piquantes allusions ; on rira de soi-même sans être offensé.
Défiez-le de jouer une heure entière sur les mots, il accep-
tera votre défi ; vous serez vaincu, et vous n'aurez point res-
senti de fatigue. Il a presque la finesse de Labruyère avec
toute la verve de Gil-Blas.

Sa supériorité n'a rien, d'ailleurs, qui blesse ou incommode :
il semble l'ignorer, descend au niveau de tous, et insinue ses
idées sans les imposer jamais. Exempt de cet orgueil qui
déprécie le mérite et le rend souvent odieux, il est plus jaloux
de plaire que de se faire admirer. Il y a même en lui je ne
sais quelle coquetterie qui fait sourire, mais dont on subit

12

volontiers la gracieuse influence. « J'ai eu un beau succès,
» écrivait-il un jour à sa famille, et je suis depuis hier *cajolé*
» par tout le monde. » Tout le caractère de l'homme se reflète
dans ce mot.

Cependant, le jour était venu où M. de Martignac, appelé
à de plus hautes destinées, allait déserter les luttes du barreau. Il y laissait plus que la réputation d'un esprit bienveil-
lant et d'un talent supérieur. Il avait su, en outre, y conquérir
de nobles sympathies, et ses rivaux eux-mêmes ne le voyaient
pas s'éloigner sans regret : — l'un (1), orateur fécond, plus
tard homme d'État, qu'une révolution a foudroyé, et que les
jouissances littéraires consolent aujourd'hui d'une grande
déception ; — l'autre (2), jurisconsulte habile, magistrat
éminent, et qui, dans les loisirs d'une vieillesse aimable et
honorée, garde encore le culte des affections d'un autre âge.
— Intelligences d'élite, âmes dévouées, où l'envie n'eut jamais
accès.

M. de Martignac avait salué avec ivresse le retour des
Bourbons. Aux Cent-Jours, la fille de Louis XVI était pour-
suivie, et cherchait un refuge dans les murs de Bordeaux. Il
réussit, par ses négociations avec le général Clausel, à protéger sa retraite et assurer son salut. — De pareils services
ne pouvaient être oubliés. — Nommé en 1818 avocat-général,
il remplit ses fonctions avec éclat, mais il ne fit, pour ainsi
dire, que les traverser. Un an plus tard, il était envoyé comme
procureur-général à Limoges. — Loin de contrarier ses goûts,
cette carrière nouvelle leur promettait une plus complète
satisfaction. Il avait porté jusqu'au seuil de l'âge mûr cette
insouciance d'humeur et cette mobilité d'impressions qui dis-
tinguèrent sa jeunesse. L'héritage du cabinet de son père exi-
geait trop d'assiduité et de fatigue ; il avait hâte de rejeter
ce fardeau pour trouver un asile dans de plus sereines régions.
Il lui en coûtait de se passionner sans cesse pour des intérêts
souvent mesquins ; un rôle impartial convenait mieux à sa

(1) M. de Peyronnet.
(2) M. Barennes.

nature, et il avait trop de modération dans les idées, trop de droiture de conscience, pour que la noble mission du ministère public ne tentât point son ambition.

« Aujourd'hui, disait-il lui-même en soutenant pour la pre-
» mière fois une accusation, aujourd'hui nous vous parlons
» justice et rigueur ; mais peu de mois se sont écoulés depuis
» que notre voix, qui n'était pas sans accès dans votre cœur,
» vous parlait indulgence et humanité. La sévérité du magis-
» trat n'a rien changé au cœur de l'homme.

» Les larmes d'une famille, les angoisses d'un accusé, la
» douleur de punir, le bonheur de briser des fers, tout cela
» se fait sentir à nous comme autrefois.

» Mais alors, chargé de la défense d'un homme, responsable
» envers lui seul de sa confiance, nous suivions dans son
» intérêt même les mouvements d'une sensibilité que le mal-
» heur éveille, et que rien n'obligeait à comprimer.

» Aujourd'hui, chargé du dépôt de la sûreté publique, res-
» ponsable envers la société qui veut être vengée, envers la
» loi qui veut être obéie, nous devons imposer silence à une
» dangereuse pitié. Nous devons nous ressouvenir sans cesse
» qu'une juste sévérité est elle-même un grand bienfait, parce
» qu'elle seule prévient le crime qu'encourage l'impunité. »

Langage aussi digne que touchant, où trouvaient à la fois leur écho et la religion du devoir et la générosité du cœur ! Associer ces deux voix intérieures dans une belle harmonie fut toujours la plus constante étude et le vœu le plus cher de M. de Martignac. Combien il se sentait heureux, à l'heure où il réclamait le châtiment du coupable, d'entrevoir en son âme une lueur de repentir, et d'exciter alors non plus l'indi-gnation des juges, mais leur miséricorde et leur pitié ! Quelle indulgence pour la faiblesse égarée, et quelle inflexibilité pour le crime endurci ! Et quand une longue expiation avait enfin vengé la société, s'élevait-il une voix plus éloquente que la sienne pour implorer le pardon ? — Le jour où il prend, à Limoges, possession de son siége, c'est en y portant des let-tres de grâce qu'il paie, en quelque sorte, sa bienvenue. Inspiration généreuse, qui révélait à tous que c'était par la persuasion, non par la rigueur, qu'il entendait assurer le respect des lois !

Bien souvent, dans le cours trop rapide de ses fonctions, la clémence royale descendit sur des têtes flétries, et il ne confiait jamais à d'autres le soin de demander à la justice la consécration de ce bienfait. C'étaient là pour lui des jours de fête, et, il faut l'ajouter, c'étaient aussi des jours de triomphe ! Ému à l'aspect de cette foule que sa magique parole attirait, plus ému encore à la pensée du bonheur qu'il allait jeter en des âmes découragées, il trouvait dans cette émotion la source des accents les plus pathétiques et des plus riches images. — Deux femmes, condamnées pour infanticide, devaient leur grâce à la naissance d'un enfant royal : « Mères dénaturées » et barbares, s'écrie-t-il, elles avaient fait à leur honneur » perdu le plus horrible des sacrifices, en cherchant à couvrir » la faute qui donna la vie par le crime affreux qui donne la » mort ! Dix-sept ans entiers, ces femmes criminelles ont » pleuré ; leurs longues douleurs ont désarmé la justice hu- » maine. C'est la naissance d'un enfant qui leur rend la li- » berté ; puisse-t-elle aussi leur rendre la paix de l'âme !! »

Jamais, dans les solennités de l'audience, l'éloquence n'avait exhalé de plus suaves parfums. Jamais le cœur des misérables n'avait dû s'ouvrir au remords avec une plus irrésistible puissance. Pourquoi faut-il que les sons de cette lyre enchantée se soient étouffés sous les voûtes dévorantes d'un Parlement ? Mais il y a parfois, au sein de l'humanité, je ne sais quelles existences que l'on dirait prédestinées, qui doivent tenter tous les hasards et rayonner de toutes les gloires. Écrivain, orateur, magistrat, — ce n'était pas assez pour M. de Martignac. La scène politique l'attendait, et sa destinée allait s'accomplir.

Député du Lot-et-Garonne, en 1821, il abandonne un siége qu'il ne doit plus revoir ; après avoir veillé sur l'exécution des lois, il devient lui-même législateur. — En arrivant à la Chambre, il ne pouvait hésiter. Son rôle était tracé d'avance, et il n'avait pas à choisir. Son nom, ses instincts, ses souvenirs, tout le rattachait, dès le début, au parti de la Cour.......

Ici, Messieurs, qu'il nous soit permis de nous arrêter un instant. Nous abordons la partie la plus délicate de notre tâche, et nous avons besoin de parler librement à vos cœurs. Sans préjugés comme sans passion, nous ne sommes animé ni de cet enthousiasme qui exalte tout, ni de cet esprit de dénigrement qui essaie de tout rabaisser. Frappé, malgré notre jeunesse, par d'éclatantes et douloureuses expériences, nous savons qu'il n'est, ici-bas, rien d'immuable et d'éternel. Les hommes passent, les gouvernements se succèdent, les peuples se transforment. Bien insensé celui qui puiserait ses inspirations ailleurs que dans la vérité! La vérité seule a notre culte, et, seule, elle doit être notre guide! Elle nous rappellera, Messieurs, que nous sommes, dans cette enceinte, non pas l'organe d'un parti, mais le fidè'e écho de l'histoire. Nous ne descendrons point de la hauteur impartiale de cette mission!

Le drame de la Restauration touchait à l'une de ses plus sombres péripéties. Le sang des rois venait de jaillir sous le poignard, et l'on avait vu le crime d'une faction où l'honneur de la France ne voudra voir que le fanatisme d'un assassin. La royauté, qui volontiers se fût montrée libérale, se rejetait avec épouvante dans le passé, pour y ressaisir une ombre depuis longtemps évanouie. Elle retirait insensiblement toutes les concessions qu'elle avait faites. La presse fut comprimée, le système électoral modifié, la grande propriété reconstituée. Tant il est vrai que le progrès politique n'a pas d'ennemi plus dangereux que l'assassinat!

Et M. de Martignac s'était associé, de toutes ses forces, à ce mouvement d'inévitable réaction. Son intelligence s'y était vouée, son âme s'y passionna. Rapporteur des lois les plus importantes, il les discute et les soutient avec chaleur, avec entraînement. Son organe, loin de perdre sa mélodieuse douceur, s'assouplit encore et se fortifie. Il trouve en lui des accents plus énergiques, il aime les émotions du combat, il s'enivre de poudre et de fumée. Que ses adversaires lui jettent une objection, il la tourne plutôt qu'il ne la réfute; il saisit, au contraire, le côté faible de leurs doctrines, s'y attache avec ténacité, et, laissant dans l'ombre ce qu'elles peuvent avoir de vrai, il se plaît à mettre en saillie les impossibilités et les chimères. Discussions bruyantes, luttes confuses, où l'on entrevoyait les éclairs de l'homme d'État, où, souvent aussi, l'on ne retrouvait que la brillante facilité de l'homme d'esprit !

Mais il arriva qu'un jour le gouvernail de la société avait été remis en ses mains. Sa responsabilité devenait désormais plus grave, et les conditions de son existence devaient changer. Il comprit qu'il ne s'agissait plus seulement de ces tournois oratoires où l'on n'apporte que la valeur personnelle d'un chevalier, mais qu'il fallait, pilote habile et prudent, diriger le navire au travers des écueils qui le menaçaient, et conjurer la tempête qui grondait déjà dans le lointain. Livré, dans ce moment solennel, à de profondes méditations, il contempla le spectacle qu'il avait sous les yeux, et, certes, son âme dut être en proie à de bien amères inquiétudes. Ce n'était point, en effet, une société assise sur des bases qu'elle respecte, et ne cherchant que dans la paix les garanties de sa prospérité et de son bonheur. La guerre, une guerre implacable, régnait partout. Dans l'ordre politique, c'était, ici la Révolution avec ses ardeurs, là l'émigration avec ses regrets. Dans l'ordre moral, c'était, d'une part, la religion dont le zèle touchait à l'intolérance ; d'autre part, la philosophie qui, par peur de la superstition, se réfugiait dans l'impiété. Pareille à l'esclave qui, rendu inopinément à la liberté, n'en connaît que les excès, la nation était le jouet des plus folles exagérations ; elle se battait pour des mots, elle s'éprenait de théories incomplètes, mal définies, qui souvent recélaient dans leurs flancs un poison mortel. Le pauvre repoussait le prêtre qui le console, pour se jeter dans les bras du matérialisme qui le déprave. On voulait briser toutes les idoles du passé. On répudiait les plus sacrées comme les plus inoffensives traditions de nos pères. Il n'était pas jusqu'à la langue immortelle de Racine et de Pascal que l'on ne tentât de proscrire ; c'était une fièvre de réforme et de nouveauté.... Et pour maîtriser tant d'agitations, pour rassembler et concilier tous ces éléments épars et ennemis, au sommet de cette société si profondément travaillée, qu'y avait-il ? Une royauté inquiète, ébranlée, et qui aurait vainement cherché son point d'appui soit dans une bourgeoisie ombrageuse , soit dans une aristocratie décimée par l'échafaud.

M. de Martignac pouvait n'obéir qu'à la voix de ses affections, et cette voix , malgré le temps écoulé, malgré les expériences tentées, n'avait rien perdu de son premier empire. Elle devait survivre à toutes les déceptions, à tous les dégoûts. Son ministère était tombé, et il écrivait encore, le 30 janvier 1830 : « Je resterai fidèle à mes principes , parce que je les » crois toujours les meilleurs ; mais je défendrai , avant tout, » l'autorité royale, si elle est attaquée. »

Mais l'homme d'État a besoin de comprimer les élans de son cœur , et , souvent même, il doit s'écarter de la route où le pousserait son esprit. Sans sacrifier servilement à l'opinion, il faut satisfaire à ses légitimes exigences, et la science politique consiste peut-être moins dans la grandeur des conceptions que dans l'intelligence des nécessités de son temps.

Cette intelligence, M. de Martignac l'avait eue : dans ce chaos au milieu duquel l'avait jeté le destin, il entrevit la vérité, et résolut dès-lors de suivre hardiment sa lumière. Le rôle qu'il s'assigna devait séduire une âme généreuse, mais il lui réservait aussi bien des tristesses et des ennuis. Laissant à l'écart tous les partis, demandant, ainsi qu'il le disait lui-même, plutôt aux choses qu'aux hommes sa force et son appui, il entreprit une œuvre de pacification et de concorde, rapprocha les éléments qui se combattaient, s'efforça, par des lois sages et modérées , de rétablir partout l'équilibre, de rendre à la religion, replacée dans la légalité, tout le prestige des anciens jours, de réconcilier enfin , aux yeux du pays, la Charte et la royauté.

Protecteur éclairé de la littérature et des arts, il voulait que l'esprit humain prît tout son essor ; et , peu inquiet d'une rivalité éphémère , il ouvrait la scène au romantique écrivain d'*Henri III*, en même temps qu'il tendait la main au classique auteur de *Léonidas*.

Jaloux de la gloire nationale, il reprenait activement les

négociations diplomatiques, applaudissait avec bonheur au succès de nos armes, et une contrée, depuis longtemps courbée sous l'esclavage, recouvrait son indépendance et rentrait dans la chrétienté.

Tant d'efforts auraient dû sans doute calmer les haines, désarmer les défiances, assurer à la France une ère de prospérité et de repos. M. de Martignac se berça quelques instants de cette illusion ; mais l'éternelle injustice des partis lui préparait un douloureux réveil.

Également à l'abri des exagérations et des préjugés, il avait compté sur la raison publique, sur l'efficacité de l'expérience, sur le besoin de ne plus consumer ses forces dans de stériles débats. Il était entré dans une voie large et féconde, celle de la modération et de la loyauté. Il avait proclamé hautement que son but était de relever l'autorité, en faisant sortir des institutions toutes les libertés dont le germe y était contenu. Mais sa loyauté était qualifiée de maladresse, sa modération d'impuissance ; on prenait en pitié un pouvoir qui oscillait sans cesse ; on n'avait que des ministres *timides*, des *constitutionnels honteux*.

« Timides ! s'écriait M. de Martignac, timides ! et pour-
» quoi ? A quoi donc a-t-on attribué cette timidité ? A la
» crainte de quitter ces bancs où notre place est marquée ?
» Messieurs, devoir à la bonté du roi un des plus hauts té-
» moignages de confiance qu'un sujet fidèle et dévoué puisse
» recevoir de lui, être honorés, comme nous l'avons été
» jusqu'à ce jour, de la bienveillance de la Chambre, ce
» sont des biens réels et inestimables dont il est permis
» d'être fier et jaloux ; mais, je vous le déclare en ce qui me
» touche, avec une sincérité qu'aucun événement ne démen-
» tira, ces biens eux-mêmes ne peuvent compenser à mes
» yeux les tourments de toute espèce qui s'attachent à ces
» tristes honneurs.

» . . . .

» . . . .

» Pourquoi donc serions-nous honteux? Sans doute nous
» devrions l'être si nous cachions nos véritables intentions, si

» nous faisions des professions de foi trompeuses, si nos in-
» tentions secrètes étaient en opposition avec nos discours ;
» mais, grâce au ciel, nous n'avons rien à dissimuler, nous
» n'avons personne à tromper : la honte n'est réservée ni à
» nos paroles, ni à nos actions. Nous nous présentons à vous
» le front découvert, sans crainte qu'il ait à rougir ; nous
» vous regardons sans timidité, parce que notre conscience
» est tranquille, et parce que vous êtes justes. »

Encore si son caractère eût été respecté ! si son dévouement avait été compris ! il aurait, du moins, trouvé au milieu de ses mécomptes quelque consolation. Mais non, chaque
matin une presse ingrate l'insultait, mille embûches lui
étaient tendues ; on s'efforçait de le perdre dans l'esprit de
ceux qu'il voulait sauver. Et lui, dont la vie s'usait dans
cette résistance assidue, qui sentait son noble cœur et sa
belle imagination s'y flétrir, c'est dans les affections les plus
douces de la famille qu'il allait retremper son courage, et chercher les dédommagements de ses angoisses ou de ses dégoûts.

Le fils de sa sœur entrait alors dans la carrière qu'il venait
lui-même de quitter. Il avait pressenti dans le jeune homme
l'intègre et savant magistrat dont notre Cour s'honore aujourd'hui (1) ; il surveillait ses premiers pas avec toute la sol-
licitude et l'attachement d'un père.

Quel ton de mélancolie dans ses lettres ! Comme on y sent
bien l'inexprimable abattement de l'homme désabusé, de
l'homme méconnu ! « Là n'est pas le bonheur », aime-t-il à
répéter, en parlant de ses succès si chèrement achetés. —
« Je mène une pénible vie, écrit-il ailleurs, et je doute que
» mes forces y résistent longtemps ; si je ne consultais que mes
» vœux et mes besoins personnels, la rude épreuve que je su-
» bis ne se prolongerait pas. »

Et quelquefois, lassé des soupçons et des outrages auxquels
il était en butte, il donnait cours à son indignation, il écla-
tait à la tribune en paroles d'amertume et de douleur :

« Se sentir dévoré du désir de servir utilement son roi et

(1) M. Dégrange-Touzin.

» son pays, consacrer à l'accomplissement de ce désir pieux
» tout ce qu'on a reçu de force et de vie, et voir sans cesse
» ses intentions méconnues ou dénaturées, ses paroles tra-
» vesties, sa sincérité soupçonnée, sa responsabilité inquiète
» et alarmée, il faut du courage et du dévouement pour sup-
» porter un pareil *bonheur*, et ce n'est pas, en vérité, pour
» le conserver que l'on descend à la bassesse. »

Et quelle dignité froide, quel amer dédain, quand il s'écrie :
« Malgré quinze mois de ministère, je n'ai pas encore con-
» tracté l'habitude de la résignation au soupçon et à l'offense. »

Mais à quoi bon cette lutte si pleine de fatigue et de déses-
poir ? Pourquoi s'obstiner à sauver de l'abîme ceux qu'y en-
traînait une invincible fatalité ? L'heure de sa chute était
marquée ; la royauté lui avait retiré ses faveurs, et, contraint
au repos, il lui fallut attendre, les bras croisés, la révolution
qui s'avançait.

Ses funestes appréhensions ne l'avaient point trompé. Une
année à peine s'est écoulée, et le tocsin a retenti, le trône vole
en éclats, le drapeau de huit siècles est déchiré, et trois générations de rois, un vieillard, un homme, un enfant, sont
jetées dans l'exil.

Ah ! loin de lui l'orgueilleuse satisfaction de l'homme qui a
tout prévu, et dont on a dédaigné les prédictions sinistres ! Il
contemple avec tristesse ces ruines amoncelées, il s'attendrit
sur d'irréparables infortunes, et, frappée dans ce qu'elle avait
de plus cher, son âme n'a plus de souhait que pour la retraite
et l'obscurité. Là, il aurait retrouvé sa santé perdue, son imagination se serait rajeunie, ce talent si flexible et si doux eût
pu reprendre sa première élasticité. Le ciel ne le voulut pas,
et il allait, victime de sa magnanimité, faire entendre ses derniers accents.

Les vengeances populaires réclamaient une grande expiation. Le sang avait coulé, et ceux que l'on accusait d'avoir
provoqué le combat étaient là, vaincus mais fermes, au pied
d'un tribunal solennel. Au dehors, le cliquetis des armes, le
roulement des tambours, le sourd grondement des canons sur
le pavé, et, par-dessus tous ces mouvements et tous ces bruits,

la grande voix de la foule qui s'élève par intervalles, pareille au mugissement des flots ! Ici, des placards menaçants ! Là, des cris de mort ! Les portes sont assiégées, les cours envahies... Et cependant tout est calme dans l'enceinte. On écoute avec recueillement la voix d'un homme qui dispute à l'échafaud la tête d'un accusé ; il déploie toutes les ressources de la dialectique ; il éveille par de chaleureuses paroles les sympathies de son auditoire. Cet homme, dont le cœur semble si ému, cet orateur dont l'éloquence est si persuasive, c'est Martignac ; et celui qu'il défend, c'est son ancien rival, c'est le ministre qui arracha de ses mains le pouvoir en lambeaux ! La justice délibère, l'arrêt est prononcé, et il n'a été fait aucune offrande sanglante à la Révolution ! Martignac est plein de joie ; ses forces sont épuisées, mais qu'importe ? « La vie que je mène depuis deux mois, écrit-il à sa sœur avec » une touchante simplicité, celle de ces huit derniers jours, » et mes derniers efforts d'hier, ont de beaucoup excédé mes » forces. Le voyage à pied au Luxembourg, hier, à sept heu- » res du soir, les émotions de l'attente et du jugement, et le » retour à pied à onze heures, m'ont achevé. Aujourd'hui, je » ne puis ni parler, ni me mouvoir. Mais rassure-toi par cette » idée que tant de peine est payée par le plus heureux succès » et par l'estime universelle. »

Et quand l'épouse de son client vient lui exprimer avec effusion toute sa gratitude, le généreux défenseur arrête son regard sur les deux enfants qui l'accompagnent, il passe sa main dans leur blonde chevelure, et il dit à la mère en souriant : « Madame, je vous demande le portrait de ces deux » enfants ; ce seront là mes plus beaux honoraires. »

Le rôle de M. de Martignac n'était pas fini. Il y avait encore de grandes infortunes à protéger, des proscriptions à conjurer. A lui seul appartenait cette mission ; il était dans sa destinée de se sacrifier jusqu'à la derrière heure pour ceux qui l'avaient méconnu. Et l'on dit que jamais sa voix ne s'était élevée aussi suave et aussi pure ; jamais l'âme de ceux qui l'entendirent ne s'était reposée dans une pareille harmonie. C'était son chant suprême, le cygne allait mourir !

L'abîme des mers séparait la France de ses rois. Ce n'était pas assez! Pour rendre leur exil éternel, il fallait dresser contre eux une plus redoutable barrière, il fallait qu'une loi vînt frapper de mort celui qui oserait toucher le sol de la patrie! Loi dont l'impuissance égalait la cruauté! Car ce n'est point au peuple qui joue si aisément avec les couronnes, qui, dans ses terribles jeux, renverse ou rappelle à son gré les dynasties, ce n'est point à ce peuple qu'on doit opposer de vains scrupules de légalité!

« Quoi! disait Martignac, après tant de révolutions, d'ac-
» tions et de réactions contraires; après tant de trônes brisés
» et relevés, détruits encore pour être relevés de nouveau;
» après tant de restaurations, d'usurpations et de réintégra-
» tions, on vient nous parler encore de mesures éternelles, de
» bannissements perpétuels! »

Et, pour justifier ces paroles, l'histoire était là avec ses graves enseignements et ses fatales révélations!

Et puis, la proscription n'absout-elle pas? Éveille-t-elle jamais dans les âmes honnêtes et généreuses un autre sentiment que celui de la pitié?

« Qu'un prétendant à la couronne, s'écriait l'orateur avec
» une puissance qu'eût enviée Mirabeau, qu'un prétendant à la
» couronne arrive en France : on avertira l'autorité du danger
» que peut courir la sécurité publique par sa présence pro-
» longée. Mais qu'il vienne un proscrit, condamné d'avance :
» où trouverez-vous un homme qui ira frapper sur l'épaule du
» bourreau, en lui disant : Regarde cette tête royale; recon-
» nais-la et fais-la tomber!... Ce n'est pas en France qu'il
» faut le chercher.

» Supposons un de ces bannis que votre colère poursuit,
» conduit en France par la fatalité, et forcé d'y chercher un
» asile : qu'il aille frapper à la porte de l'auteur même de la
» proposition, que cette porte s'ouvre, que le proscrit se
» nomme, qu'il entre, et je lui réponds d'avance de sa
» sûreté! »

Martignac descend de la tribune; il succombe à la fatigue. On l'entoure, on le presse, l'enthousiasme est à son comble.

Mais à cet enthousiasme se mêle je ne sais quelle vague émotion. De funestes pressentiments se sont emparés de tous les cœurs ; on a compris que la mort était là.

Et en effet, sa vie ne fut plus, dès ce moment, qu'une longue agonie. De son lit qu'il ne quittait plus, il écrivait ou dictait un livre destiné, dans sa pensée, à couronner sa gloire : c'était l'histoire de l'expédition d'Espagne, à laquelle il prit, confident du prince qui la commandait, une part si active et si brillante. Il tentait de réhabiliter dans l'opinion publique une page de nos annales qui a excité tant de récriminations et provoqué tant de calomnies. Mais la mort devait glacer sa main avant que son œuvre de réparation ne fût terminée. Le 3 avril 1832, il expirait, calme et serein, au milieu de sa famille en pleurs.

Pourquoi tant de bruit et d'agitation dans une si modeste cité ? Pourquoi ces habits de fête et ces visages riants ? Sur quelle dépouille illustre va-t-on semer ces fleurs que de rustiques mains ont cueillies ? C'est la patrie adoptive de Martignac, c'est Miramont qui vient d'inaugurer sur sa place publique la statue de l'homme d'État, de l'éloquent orateur, qui allait dans cette retraite oublier ses fatigues et consoler ses ennuis. Debout sur le piédestal, l'œil animé et la voix vibrante, le barde populaire du Midi (1) célèbre dans sa langue pittoresque la grande âme de celui qui n'est plus : « Il tenait » pour le roi, pour le peuple, et ne haïssait personne ; il vou- » lait, avec du miel et des parfums, réunir dans la France » apaisée tous les drapeaux en un seul. » Et toutes les mains applaudissent, tous les cœurs s'ouvrent aux impressions mélancoliques, l'humble marbre disparaît sous les fleurs.

A nous aussi, Messieurs, à nous surtout il appartenait de rendre un pieux hommage à la mémoire de Martignac ! Habitants de la cité qui le vit naître, membres de ce Barreau qui lui dut jadis tant d'éclat, nous devons, plus que personne, revendiquer son nom et nous montrer jaloux de sa gloire. Heu-

(1) Jasmin.

reux ceux qui l'ont vu prendre son essor, et l'ont suivi du regard et du cœur dans sa belle carrière ! Plus heureux encore
ceux qui goûtèrent avec lui toutes les jouissances d'une fidèle
amitié ! Il ne nous reste, à nous, que le souvenir de ses travaux
et l'admiration de ses vertus ! — Que cette image, si bienveil-
lante et si douce, aille donc orner la noble galerie où brillent
déjà tant de portraits vénérés ! Si bien des orages troublèrent
sa vie, si elle s'est consumée dans une lutte impuissante, toutes
les haines, du moins, ont désarmé sur sa tombe; la postérité
ne garde à sa mémoire que respect et sympathie, et son nom
passera, glorieux et sans tache, à l'immortalité !

Bordeaux. — Imprimerie de Mme veuve CRUGY, rue Saint-Siméon, 16.